This belongs

_____

Spell _____

Date _____ Caster _____

Participants _____
_____

○ ◐ ◑ ○ ◐ ◒ ●

Spell Description _____
_____
_____
_____
_____
_____

Immediate effects and feelings
_____
_____
_____
_____
_____

Ingredients and equipment
_____
_____
_____
_____
_____

Results and Notes
_____
_____
_____
_____
_____
_____

Spell

Date _____ **Caster** _____

Participants _____
_____

○ ◑ ◐ ○ ◐ ◑ ●

Spell Description
_____
_____
_____
_____
_____

Immediate effects and feelings
_____
_____
_____
_____
_____
_____

Ingredients and equipment
_____
_____
_____
_____
_____

Results and Notes
_____
_____
_____
_____
_____
_____

Spell _____

Date _____ Caster _____

Participants _____

_____

○ ○ ○ ○ ○ ○ ○ ○

Spell Description _____

_____
_____
_____
_____

Immediate effects and feelings   Ingredients and equipment

_____   _____
_____   _____
_____   _____
_____   _____
_____   _____

Results and Notes

_____
_____
_____
_____
_____
_____

Spell _____

Date _____ Caster _____

Participants _____

Spell Description _____

_____
_____
_____
_____

Immediate effects and feelings

_____
_____
_____
_____
_____

Ingredients and equipment

_____
_____
_____
_____
_____

Results and Notes

_____
_____
_____
_____
_____
_____

Spell _____

Date _____ Caster _____

Participants _____
_____

🌑 🌒 🌓 🌕 🌔 🌖 🌑

Spell Description _____
_____
_____
_____
_____

Immediate effects and feelings   Ingredients and equipment
_____   _____
_____   _____
_____   _____
_____   _____
_____   _____

Results and Notes
_____
_____
_____
_____
_____
_____

Spell _____

Date _____ Caster _____

Participants _____

Spell Description _____

_____
_____
_____
_____

Immediate effects and feelings

_____
_____
_____
_____
_____

Ingredients and equipment

_____
_____
_____
_____
_____

Results and Notes

_____
_____
_____
_____
_____
_____

Spell _____

Date _____ **Caster** _____

Participants _____
_____

🌑 🌒 🌓 🌕 🌗 🌘 🌑

Spell Description _____
_____
_____
_____
_____

Immediate effects and feelings   **Ingredients and equipment**
_____   _____
_____   _____
_____   _____
_____   _____
_____   _____

Results and Notes
_____
_____
_____
_____
_____
_____

Spell _____

Date _____ Caster _____

Participants _____

_____

● ◐ ◑ ○ ◒ ◓ ●

Spell Description _____
_____
_____
_____
_____
_____

Immediate effects and feelings   Ingredients and equipment
_____   _____
_____   _____
_____   _____
_____   _____
_____   _____

Results and Notes
_____
_____
_____
_____
_____
_____

Spell _____

Date _____ Caster _____

Participants _____
_____

Spell Description
_____
_____
_____
_____
_____

Immediate effects and feelings
_____
_____
_____
_____
_____

Ingredients and equipment
_____
_____
_____
_____
_____

Results and Notes
_____
_____
_____
_____
_____
_____
_____

Spell _____

Date _____ Caster _____

Participants _____

○ ◐ ◑ ○ ◒ ◓ ●

Spell Description _____

_____
_____
_____
_____

Immediate effects and feelings | Ingredients and equipment

_____ | _____
_____ | _____
_____ | _____
_____ | _____
_____ | _____

Results and Notes

_____
_____
_____
_____
_____
_____

Spell _____

Date _____ Caster _____

Participants _____

🌑 🌒 🌓 🌔 🌕 🌖 🌗 🌘

Spell Description _____

_____
_____
_____
_____

Immediate effects and feelings | Ingredients and equipment

_____ | _____
_____ | _____
_____ | _____
_____ | _____
_____ | _____

Results and Notes

_____
_____
_____
_____
_____
_____

Spell _____

Date _____ Caster _____

Participants _____

Spell Description _____

_____
_____
_____
_____

Immediate effects and feelings

_____
_____
_____
_____
_____

Ingredients and equipment

_____
_____
_____
_____
_____

Results and Notes

_____
_____
_____
_____
_____
_____

Spell _____

Date _____ Caster _____

Participants _____
_____

○ ◐ ◑ ○ ◐ ◕ ●

Spell Description _____
_____
_____
_____
_____

Immediate effects and feelings	Ingredients and equipment
_____	_____
_____	_____
_____	_____
_____	_____
_____	_____

Results and Notes
_____
_____
_____
_____
_____
_____

Spell _____

Date _____ Caster _____

Participants _____

_____

● ◐ ◑ ○ ◐ ◑ ●

Spell Description _____

_____
_____
_____
_____

Immediate effects and feelings   Ingredients and equipment

_____   _____
_____   _____
_____   _____
_____   _____
_____   _____

Results and Notes

_____
_____
_____
_____
_____
_____

Spell _____

Date _____ Caster _____

Participants _____

_____

● ◗ ◐ ○ ◑ ◖ ●

Spell Description _____

_____
_____
_____
_____

Immediate effects and feelings   Ingredients and equipment

_____   _____
_____   _____
_____   _____
_____   _____
_____   _____

Results and Notes

_____
_____
_____
_____
_____
_____

Spell _____

Date _____ Caster _____

Participants _____

_____

🌑 🌘 🌗 🌕 🌓 🌒 🌑

Spell Description _____

_____
_____
_____
_____
_____

Immediate effects and feelings   Ingredients and equipment

_____   _____
_____   _____
_____   _____
_____   _____
_____   _____

Results and Notes

_____
_____
_____
_____
_____
_____

Spell _____

Date _____ Caster _____

Participants _____
_____

● ◗ ◐ ○ ◑ ◖ ●

Spell Description _____
_____
_____
_____
_____
_____

Immediate effects and feelings   Ingredients and equipment
_____   _____
_____   _____
_____   _____
_____   _____
_____   _____

Results and Notes
_____
_____
_____
_____
_____
_____

Spell _____

Date _____ Caster _____

Participants _____
_____

Spell Description _____
_____
_____
_____
_____

Immediate effects and feelings   Ingredients and equipment
_____   _____
_____   _____
_____   _____
_____   _____
_____   _____

Results and Notes
_____
_____
_____
_____
_____
_____

Spell _____

Date _____ Caster _____

Participants _____
_____

🌑 🌒 🌓 🌕 🌔 🌖 🌑

Spell Description _____
_____
_____
_____
_____
_____

Immediate effects and feelings   Ingredients and equipment
_____   _____
_____   _____
_____   _____
_____   _____
_____   _____

Results and Notes
_____
_____
_____
_____
_____
_____

Spell _____

Date _____ Caster _____

Participants _____
_____

🌑 🌒 🌓 🌕 🌗 🌘 🌑

Spell Description _____
_____
_____
_____
_____

Immediate effects and feelings   Ingredients and equipment
_____   _____
_____   _____
_____   _____
_____   _____
_____   _____

Results and Notes
_____
_____
_____
_____
_____
_____

Spell

Date _____ **Caster** _____

Participants _____
_____

🌑 🌒 🌓 🌕 🌔 🌖 🌗

Spell Description
_____
_____
_____
_____
_____

Immediate effects and feelings
_____
_____
_____
_____
_____

Ingredients and equipment
_____
_____
_____
_____
_____

Results and Notes
_____
_____
_____
_____
_____
_____

Spell _____

Date _____ Caster _____

Participants _____

Spell Description _____

_____
_____
_____
_____

Immediate effects and feelings

_____
_____
_____
_____

Ingredients and equipment

_____
_____
_____
_____

Results and Notes

_____
_____
_____
_____
_____
_____

Spell _____

Date _____ Caster _____

Participants _____
_____

🌑 🌒 🌓 🌕 🌔 🌘 🌑

Spell Description _____
_____
_____
_____
_____
_____

Immediate effects and feelings   Ingredients and equipment
_____   _____
_____   _____
_____   _____
_____   _____
_____   _____

Results and Notes
_____
_____
_____
_____
_____
_____
_____

Spell _____

Date _____ Caster _____

Participants _____

_____

Spell Description _____

_____
_____
_____
_____
_____

Immediate effects and feelings   Ingredients and equipment

_____   _____
_____   _____
_____   _____
_____   _____
_____   _____

Results and Notes

_____
_____
_____
_____
_____
_____

Spell _____

Date _____ Caster _____

Participants _____
_____

🌑 🌒 🌓 🌕 🌗 🌘 🌑

Spell Description _____
_____
_____
_____
_____

Immediate effects and feelings
_____
_____
_____
_____
_____

Ingredients and equipment
_____
_____
_____
_____
_____

Results and Notes
_____
_____
_____
_____
_____
_____
_____

Spell _____

Date _____ Caster _____

Participants _____
_____

🌑 🌒 🌓 🌕 🌗 🌘 🌑

Spell Description _____
_____
_____
_____
_____
_____

Immediate effects and feelings   Ingredients and equipment
_____   _____
_____   _____
_____   _____
_____   _____
_____   _____

Results and Notes
_____
_____
_____
_____
_____
_____

Spell _____

Date _____ Caster _____

Participants _____
_____

🌑 🌒 🌓 🌕 🌔 🌖 🌑

Spell Description _____
_____
_____
_____
_____
_____

Immediate effects and feelings	Ingredients and equipment
_____	_____
_____	_____
_____	_____
_____	_____
_____	_____

Results and Notes
_____
_____
_____
_____
_____
_____

Spell _____

Date _____ Caster _____

Participants _____

Spell Description _____

_____
_____
_____
_____
_____

Immediate effects and feelings
_____
_____
_____
_____
_____

Ingredients and equipment
_____
_____
_____
_____
_____

Results and Notes
_____
_____
_____
_____
_____
_____

Spell _____

Date _____ Caster _____

Participants _____

_____

🌑 🌘 🌗 🌕 🌓 🌒 🌑

Spell Description _____

_____
_____
_____
_____
_____

Immediate effects and feelings   Ingredients and equipment

_____   _____
_____   _____
_____   _____
_____   _____
_____   _____

Results and Notes

_____
_____
_____
_____
_____
_____

Spell _____

Date _____ Caster _____

Participants _____

🌑 🌒 🌓 🌕 🌗 🌘 🌑

Spell Description _____

_____
_____
_____
_____

Immediate effects and feelings

_____
_____
_____
_____
_____

Ingredients and equipment

_____
_____
_____
_____
_____

Results and Notes

_____
_____
_____
_____
_____
_____

Spell _____

Date _____ Caster _____

Participants _____

_____

🌑 🌒 🌓 🌔 🌕 🌖 🌗 🌘

Spell Description
_____
_____
_____
_____
_____

Immediate effects and feelings
_____
_____
_____
_____
_____

Ingredients and equipment
_____
_____
_____
_____
_____

Results and Notes
_____
_____
_____
_____
_____
_____

Spell _____

Date _____ Caster _____

Participants _____
_____

Spell Description _____
_____
_____
_____
_____
_____

Immediate effects and feelings   Ingredients and equipment
_____   _____
_____   _____
_____   _____
_____   _____
_____   _____

Results and Notes
_____
_____
_____
_____
_____
_____

Spell _____

Date _____ Caster _____

Participants _____

_____

🌑 🌒 🌓 🌕 🌗 🌘 🌑

Spell Description _____

_____
_____
_____
_____

Immediate effects and feelings

_____
_____
_____
_____
_____

Ingredients and equipment

_____
_____
_____
_____
_____

Results and Notes

_____
_____
_____
_____
_____
_____

Spell _____

Date _____ Caster _____

Participants _____
_____

🌑 🌒 🌓 🌕 🌗 🌘 🌑

Spell Description _____
_____
_____
_____
_____
_____

Immediate effects and feelings   Ingredients and equipment
_____   _____
_____   _____
_____   _____
_____   _____
_____   _____

Results and Notes
_____
_____
_____
_____
_____
_____

Spell _____

Date _____ Caster _____

Participants _____

○ ● ◐ ○ ◑ ● ●

Spell Description _____

_____
_____
_____
_____

Immediate effects and feelings | Ingredients and equipment

_____ | _____
_____ | _____
_____ | _____
_____ | _____
_____ | _____

Results and Notes

_____
_____
_____
_____
_____
_____

Spell _____

Date _____ Caster _____

Participants _____

_____

🌑 🌒 🌓 🌔 🌕 🌖 🌗 🌘

Spell Description _____

_____
_____
_____
_____

Immediate effects and feelings   Ingredients and equipment

_____   _____
_____   _____
_____   _____
_____   _____
_____   _____

Results and Notes

_____
_____
_____
_____
_____
_____

Spell _____

Date _____ Caster _____

Participants _____

_____

🌑 🌒 🌓 🌕 🌗 🌘 🌑

Spell Description _____

_____
_____
_____
_____

Immediate effects and feelings	Ingredients and equipment
_____	_____
_____	_____
_____	_____
_____	_____
_____	_____

Results and Notes

_____
_____
_____
_____
_____
_____

Spell _____

Date _____ Caster _____

Participants _____
_____

Spell Description _____

_____
_____
_____
_____
_____

Immediate effects and feelings

_____
_____
_____
_____
_____

Ingredients and equipment

_____
_____
_____
_____
_____

Results and Notes

_____
_____
_____
_____
_____
_____

Spell _____

Date _____ Caster _____

Participants _____
_____

🌑 🌒 🌓 🌔 🌕 🌖 🌗 🌘

Spell Description _____
_____
_____
_____
_____

Immediate effects and feelings   Ingredients and equipment
_____   _____
_____   _____
_____   _____
_____   _____
_____   _____

Results and Notes
_____
_____
_____
_____
_____
_____

Spell _____

Date _____ Caster _____

Participants _____

_____

🌑 🌒 🌓 🌕 🌗 🌘 🌑

Spell Description _____

_____
_____
_____
_____
_____

Immediate effects and feelings

_____
_____
_____
_____
_____

Ingredients and equipment

_____
_____
_____
_____
_____

Results and Notes

_____
_____
_____
_____
_____
_____

Spell _____

Date _____ Caster _____

Participants _____

_____

● ◐ ◑ ○ ◐ ◑ ●

Spell Description _____

_____
_____
_____
_____

Immediate effects and feelings | Ingredients and equipment

_____ | _____
_____ | _____
_____ | _____
_____ | _____
_____ | _____

Results and Notes

_____
_____
_____
_____
_____
_____

Spell _____

Date _____ Caster _____

Participants _____

_____

Spell Description _____

_____
_____
_____
_____
_____

Immediate effects and feelings   Ingredients and equipment

_____   _____
_____   _____
_____   _____
_____   _____
_____   _____

Results and Notes

_____
_____
_____
_____
_____
_____

Spell _____

Date _____ Caster _____

Participants _____

_____

🌑 🌒 🌓 🌕 🌔 🌘 🌑

Spell Description _____

_____
_____
_____
_____

Immediate effects and feelings   Ingredients and equipment
_____   _____
_____   _____
_____   _____
_____   _____
_____   _____

Results and Notes
_____
_____
_____
_____
_____
_____
_____

Spell _____

Date _____ Caster _____

Participants _____

_____

● ◗ ◐ ○ ◑ ◖ ●

Spell Description _____

_____
_____
_____
_____

Immediate effects and feelings   Ingredients and equipment

_____   _____
_____   _____
_____   _____
_____   _____
_____   _____

Results and Notes

_____
_____
_____
_____
_____
_____

Spell _____

Date _____ Caster _____

Participants _____

_____

🌑 🌒 🌓 🌕 🌔 🌖 🌑

Spell Description _____

_____
_____
_____
_____
_____

Immediate effects and feelings | Ingredients and equipment

_____ | _____
_____ | _____
_____ | _____
_____ | _____
_____ | _____

Results and Notes

_____
_____
_____
_____
_____
_____
_____

Spell _____

Date _____ Caster _____

Participants _____

_____

Spell Description _____

_____
_____
_____
_____
_____

Immediate effects and feelings   ### Ingredients and equipment

_____   _____
_____   _____
_____   _____
_____   _____
_____   _____

Results and Notes

_____
_____
_____
_____
_____
_____

Spell _____

Date _____ Caster _____

Participants _____

_____

🌑 🌒 🌓 🌕 🌔 🌖 🌘

Spell Description _____

_____
_____
_____
_____

Immediate effects and feelings

_____
_____
_____
_____
_____

Ingredients and equipment

_____
_____
_____
_____
_____

Results and Notes

_____
_____
_____
_____
_____
_____

Spell _____

Date _____   Caster _____

Participants _____
_____

🌑 🌒 🌓 🌔 🌕 🌖 🌗 🌘

Spell Description _____
_____
_____
_____
_____

Immediate effects and feelings   Ingredients and equipment
_____   _____
_____   _____
_____   _____
_____   _____
_____   _____

Results and Notes
_____
_____
_____
_____
_____

Spell _____

Date _____ Caster _____

Participants _____
_____

🌑 🌒 🌓 🌕 🌗 🌘 🌑

Spell Description _____
_____
_____
_____
_____
_____

Immediate effects and feelings | Ingredients and equipment
_____ | _____
_____ | _____
_____ | _____
_____ | _____
_____ | _____

Results and Notes
_____
_____
_____
_____
_____
_____

Spell _____

Date _____ Caster _____

Participants _____

Spell Description _____

_____
_____
_____
_____

Immediate effects and feelings

_____
_____
_____
_____
_____

Ingredients and equipment

_____
_____
_____
_____
_____

Results and Notes

_____
_____
_____
_____
_____
_____

Spell _____

Date _____ Caster _____

Participants _____

_____

🌑 🌒 🌓 🌔 🌕 🌖 🌗 🌘

Spell Description _____

_____
_____
_____
_____

Immediate effects and feelings   Ingredients and equipment

_____   _____
_____   _____
_____   _____
_____   _____
_____   _____

Results and Notes

_____
_____
_____
_____
_____
_____

Spell _____

Date _____ Caster _____

Participants _____

_____

Spell Description _____

_____
_____
_____
_____
_____

Immediate effects and feelings   Ingredients and equipment

_____   _____
_____   _____
_____   _____
_____   _____
_____   _____

Results and Notes

_____
_____
_____
_____
_____
_____

Spell _____

Date _____ Caster _____

Participants _____

_____

🌑 🌒 🌓 🌔 🌕 🌖 🌗 🌘

Spell Description _____

_____
_____
_____
_____
_____

Immediate effects and feelings

_____
_____
_____
_____
_____

Ingredients and equipment

_____
_____
_____
_____
_____

Results and Notes

_____
_____
_____
_____
_____
_____

Spell _____

Date _____ Caster _____

Participants _____

_____

Spell Description _____

_____
_____
_____
_____

Immediate effects and feelings   Ingredients and equipment

_____   _____
_____   _____
_____   _____
_____   _____
_____   _____

Results and Notes

_____
_____
_____
_____
_____
_____

Spell _____

Date _____ Caster _____

Participants _____
_____

🌑 🌒 🌓 🌕 🌗 🌘 🌑

Spell Description _____
_____
_____
_____
_____

Immediate effects and feelings   Ingredients and equipment
_____   _____
_____   _____
_____   _____
_____   _____
_____   _____

Results and Notes
_____
_____
_____
_____
_____
_____

Spell _____

Date _____ Caster _____

Participants _____

_____

🌑 🌒 🌓 🌕 🌗 🌘 🌑

Spell Description _____

_____
_____
_____
_____

Immediate effects and feelings   Ingredients and equipment

_____   _____
_____   _____
_____   _____
_____   _____
_____   _____

Results and Notes

_____
_____
_____
_____
_____
_____
_____

Spell _____

Date _____ Caster _____

Participants _____

_____

○ ◐ ◑ ○ ◐ ◗ ●

Spell Description _____

_____
_____
_____
_____

Immediate effects and feelings   Ingredients and equipment

_____   _____
_____   _____
_____   _____
_____   _____
_____   _____

Results and Notes

_____
_____
_____
_____
_____
_____

Spell _____

Date _____ Caster _____

Participants _____

_____

● ◗ ◐ ○ ◑ ◖ ●

Spell Description _____

_____
_____
_____
_____

Immediate effects and feelings	Ingredients and equipment
_____	_____
_____	_____
_____	_____
_____	_____
_____	_____

Results and Notes

_____
_____
_____
_____
_____

Spell _____

Date _____ Caster _____

Participants _____

🌑 🌒 🌓 🌕 🌗 🌘 🌑

Spell Description _____

_____

_____

_____

_____

Immediate effects and feelings	Ingredients and equipment
_____	_____
_____	_____
_____	_____
_____	_____
_____	_____

Results and Notes

_____

_____

_____

_____

_____

_____

Spell _____

Date _____ Caster _____

Participants _____
_____

● ◐ ◑ ○ ◐ ◑ ●

Spell Description _____

_____
_____
_____
_____
_____

Immediate effects and feelings   Ingredients and equipment

_____   _____
_____   _____
_____   _____
_____   _____
_____   _____

Results and Notes

_____
_____
_____
_____
_____
_____

Spell _____

Date _____ Caster _____

Participants _____
_____

◉ ◗ ◐ ○ ◑ ◖ ●

Spell Description _____
_____
_____
_____
_____
_____

Immediate effects and feelings   Ingredients and equipment
_____   _____
_____   _____
_____   _____
_____   _____
_____   _____

Results and Notes
_____
_____
_____
_____
_____
_____

Spell _____

Date _____ Caster _____

Participants _____
_____

🌑 🌒 🌓 🌕 🌗 🌘 🌑

Spell Description _____
_____
_____
_____
_____

Immediate effects and feelings   Ingredients and equipment
_____   _____
_____   _____
_____   _____
_____   _____
_____   _____

Results and Notes
_____
_____
_____
_____
_____
_____

Spell _____

Date _____ Caster _____

Participants _____
_____

● ◐ ◑ ○ ◐ ◑ ●

Spell Description _____
_____
_____
_____
_____
_____

Immediate effects and feelings   Ingredients and equipment
_____   _____
_____   _____
_____   _____
_____   _____
_____   _____

Results and Notes
_____
_____
_____
_____
_____
_____

Spell _____

Date _____ Caster _____

Participants _____

Spell Description
_____
_____
_____
_____
_____
_____

Immediate effects and feelings
_____
_____
_____
_____
_____

Ingredients and equipment
_____
_____
_____
_____
_____

Results and Notes
_____
_____
_____
_____
_____
_____

Spell _____

Date _____ Caster _____

Participants _____

_____

● ◐ ◑ ○ ◐ ◖ ●

Spell Description _____

_____
_____
_____
_____
_____

Immediate effects and feelings   Ingredients and equipment

_____   _____
_____   _____
_____   _____
_____   _____
_____   _____

Results and Notes

_____
_____
_____
_____
_____
_____

Spell _____

Date _____ Caster _____

Participants _____
_____

● ◐ ◑ ○ ◒ ◓ ●

Spell Description _____
_____
_____
_____
_____

Immediate effects and feelings   Ingredients and equipment
_____   _____
_____   _____
_____   _____
_____   _____
_____   _____

Results and Notes
_____
_____
_____
_____
_____

Spell _____

Date _____ Caster _____

Participants _____
_____

Spell Description _____
_____
_____
_____
_____
_____

Immediate effects and feelings | Ingredients and equipment

Results and Notes
_____
_____
_____
_____
_____
_____

Spell _____

Date _____ Caster _____

Participants _____

_____

● ◐ ◑ ○ ◐ ◕ ●

Spell Description _____

_____
_____
_____
_____

Immediate effects and feelings   Ingredients and equipment

_____   _____
_____   _____
_____   _____
_____   _____
_____   _____

Results and Notes

_____
_____
_____
_____
_____
_____

Spell _____

Date _____ Caster _____

Participants _____

_____

🌑 🌒 🌓 🌕 🌔 🌘 🌑

Spell Description _____

_____
_____
_____
_____
_____

Immediate effects and feelings   Ingredients and equipment

_____   _____
_____   _____
_____   _____
_____   _____
_____   _____

Results and Notes

_____
_____
_____
_____
_____
_____

Spell _____

Date _____ Caster _____

Participants _____

_____

Spell Description

_____

_____
_____
_____
_____
_____

Immediate effects and feelings   Ingredients and equipment

_____   _____
_____   _____
_____   _____
_____   _____
_____   _____

Results and Notes

_____
_____
_____
_____
_____
_____

Spell _____

Date _____ Caster _____

Participants _____
_____

🌑 🌒 🌓 🌕 🌗 🌘 🌑

Spell Description _____
_____
_____
_____
_____

Immediate effects and feelings   Ingredients and equipment
_____   _____
_____   _____
_____   _____
_____   _____
_____   _____

Results and Notes
_____
_____
_____
_____
_____
_____

Spell _____

Date _____ Caster _____

Participants _____

_____

● ◗ ◑ ○ ◐ ◖ ●

Spell Description _____

_____
_____
_____
_____
_____

Immediate effects and feelings Ingredients and equipment

_____ _____
_____ _____
_____ _____
_____ _____
_____ _____

Results and Notes

_____
_____
_____
_____
_____
_____

Spell _____

Date _____ Caster _____

Participants _____
_____

🌑 🌒 🌓 🌕 🌗 🌘 🌑

Spell Description _____
_____
_____
_____
_____
_____

Immediate effects and feelings   Ingredients and equipment
_____   _____
_____   _____
_____   _____
_____   _____
_____   _____

Results and Notes
_____
_____
_____
_____
_____
_____

Spell _____

Date _____ Caster _____

Participants _____

Spell Description _____

_____
_____
_____
_____

Immediate effects and feelings   Ingredients and equipment

_____   _____
_____   _____
_____   _____
_____   _____
_____   _____

Results and Notes

_____
_____
_____
_____
_____
_____

Spell _____

Date _____ Caster _____

Participants _____

_____

○ ● ◐ ○ ◑ ● ●

Spell Description _____

_____
_____
_____
_____
_____

Immediate effects and feelings | Ingredients and equipment

_____ | _____
_____ | _____
_____ | _____
_____ | _____
_____ | _____

Results and Notes

_____
_____
_____
_____
_____
_____

Spell _____

Date _____ Caster _____

Participants _____
_____

○ ● ◐ ○ ◑ ● ●

Spell Description _____
_____
_____
_____
_____
_____

Immediate effects and feelings   Ingredients and equipment
_____   _____
_____   _____
_____   _____
_____   _____
_____   _____

Results and Notes
_____
_____
_____
_____
_____
_____
_____

Spell _____

Date _____ Caster _____

Participants _____

_____

Spell Description _____

_____
_____
_____
_____
_____

Immediate effects and feelings

_____
_____
_____
_____
_____

Ingredients and equipment

_____
_____
_____
_____
_____

Results and Notes

_____
_____
_____
_____
_____
_____

Spell _____

Date _____ Caster _____

Participants _____
_____

● ◐ ◑ ○ ◐ ◑ ●

Spell Description _____
_____
_____
_____
_____
_____

Immediate effects and feelings   Ingredients and equipment
_____   _____
_____   _____
_____   _____
_____   _____
_____   _____

Results and Notes
_____
_____
_____
_____
_____
_____

Spell _____

Date _____ Caster _____

Participants _____

_____

○ ◐ ◑ ○ ◐ ◑ ●

Spell Description _____

_____
_____
_____
_____
_____

Immediate effects and feelings   Ingredients and equipment

_____   _____
_____   _____
_____   _____
_____   _____
_____   _____

Results and Notes

_____
_____
_____
_____
_____
_____

Spell _____

Date _____ Caster _____

Participants _____

_____

● ◐ ◑ ○ ◐ ◑ ●

Spell Description _____

_____
_____
_____
_____

Immediate effects and feelings   Ingredients and equipment

_____   _____
_____   _____
_____   _____
_____   _____
_____   _____

Results and Notes

_____
_____
_____
_____
_____
_____

Spell _____

Date _____ Caster _____

Participants _____
_____

Spell Description _____
_____
_____
_____
_____
_____

Immediate effects and feelings
_____
_____
_____
_____
_____

Ingredients and equipment
_____
_____
_____
_____
_____

Results and Notes
_____
_____
_____
_____
_____
_____

Spell _____

Date _____ Caster _____

Participants _____

_____

🌑 🌘 🌗 🌕 🌓 🌒 🌑

Spell Description _____

_____
_____
_____
_____

Immediate effects and feelings   Ingredients and equipment

_____   _____
_____   _____
_____   _____
_____   _____
_____   _____

Results and Notes

_____
_____
_____
_____
_____
_____

Spell _____

Date _____ Caster _____

Participants _____
_____

● ◐ ◑ ○ ◒ ◓ ●

Spell Description _____
_____
_____
_____
_____
_____

Immediate effects and feelings   Ingredients and equipment
_____   _____
_____   _____
_____   _____
_____   _____
_____   _____

Results and Notes
_____
_____
_____
_____
_____
_____

Spell _____

Date _____ Caster _____

Participants _____

_____

● ◐ ◑ ○ ◐ ◑ ●

Spell Description _____

_____
_____
_____
_____

Immediate effects and feelings   Ingredients and equipment

_____   _____
_____   _____
_____   _____
_____   _____
_____   _____

Results and Notes

_____
_____
_____
_____
_____
_____

Spell _____

Date _____ Caster _____

Participants _____

_____

Spell Description _____

_____
_____
_____
_____
_____

Immediate effects and feelings   Ingredients and equipment

_____   _____
_____   _____
_____   _____
_____   _____
_____   _____

Results and Notes

_____
_____
_____
_____
_____

Spell _____

Date _____ Caster _____

Participants _____
_____

Spell Description _____
_____
_____
_____
_____
_____

Immediate effects and feelings   Ingredients and equipment
_____   _____
_____   _____
_____   _____
_____   _____
_____   _____

Results and Notes
_____
_____
_____
_____
_____
_____

Spell _____

Date _____ Caster _____

Participants _____
_____

● ◐ ◑ ○ ◐ ◑ ●

Spell Description _____
_____
_____
_____
_____
_____

Immediate effects and feelings   Ingredients and equipment
_____   _____
_____   _____
_____   _____
_____   _____
_____   _____

Results and Notes
_____
_____
_____
_____
_____
_____

Spell _____

Date _____ Caster _____

Participants _____

_____

Spell Description _____

_____
_____
_____
_____
_____

Immediate effects and feelings

_____
_____
_____
_____
_____

Ingredients and equipment

_____
_____
_____
_____
_____

Results and Notes

_____
_____
_____
_____
_____
_____

Spell _____

Date _____ Caster _____

Participants _____

_____

● ◐ ◑ ○ ◐ ◖ ●

Spell Description _____

_____
_____
_____
_____
_____

Immediate effects and feelings

_____
_____
_____
_____
_____

Ingredients and equipment

_____
_____
_____
_____
_____

Results and Notes

_____
_____
_____
_____
_____
_____
_____

Spell _____

Date _____ Caster _____

Participants _____
_____

● ● ◐ ○ ◐ ◑ ●

Spell Description _____
_____
_____
_____
_____
_____

Immediate effects and feelings   Ingredients and equipment
_____   _____
_____   _____
_____   _____
_____   _____
_____   _____

Results and Notes
_____
_____
_____
_____
_____
_____

Spell _____

Date _____ Caster _____

Participants _____

🌑 🌒 🌓 🌕 🌗 🌘 🌑

Spell Description _____

_____
_____
_____
_____
_____

Immediate effects and feelings   Ingredients and equipment

_____   _____
_____   _____
_____   _____
_____   _____
_____   _____

Results and Notes

_____
_____
_____
_____
_____
_____

Spell _____

Date _____ Caster _____

Participants _____

_____

🌑 🌒 🌓 🌕 🌗 🌘 🌑

Spell Description _____

_____
_____
_____
_____
_____

Immediate effects and feelings

_____
_____
_____
_____
_____

Ingredients and equipment

_____
_____
_____
_____
_____

Results and Notes

_____
_____
_____
_____
_____
_____

Spell _____

Date _____ Caster _____

Participants _____
_____

● ◐ ◑ ○ ◐ ◕ ●

Spell Description _____
_____
_____
_____
_____
_____

Immediate effects and feelings
_____
_____
_____
_____
_____

Ingredients and equipment
_____
_____
_____
_____
_____

Results and Notes
_____
_____
_____
_____
_____
_____

Spell _____

Date _____ Caster _____

Participants _____
_____

● ◐ ◑ ○ ◐ ◑ ●

Spell Description _____
_____
_____
_____
_____
_____

Immediate effects and feelings   Ingredients and equipment
_____   _____
_____   _____
_____   _____
_____   _____
_____   _____

Results and Notes
_____
_____
_____
_____
_____
_____

Spell _____

Date _____ Caster _____

Participants _____

_____

Spell Description _____

_____
_____
_____
_____

Immediate effects and feelings

_____
_____
_____
_____
_____

Ingredients and equipment

_____
_____
_____
_____
_____

Results and Notes

_____
_____
_____
_____
_____
_____

Spell _____

Date _____ Caster _____

Participants _____

_____

Spell Description _____

_____
_____
_____
_____

Immediate effects and feelings   Ingredients and equipment

_____   _____
_____   _____
_____   _____
_____   _____
_____   _____

Results and Notes

_____
_____
_____
_____
_____
_____

Spell _____

Date _____ Caster _____

Participants _____

_____

🌑 🌒 🌓 🌕 🌗 🌘 🌑

Spell Description _____

_____
_____
_____
_____
_____

Immediate effects and feelings

_____
_____
_____
_____
_____

Ingredients and equipment

_____
_____
_____
_____
_____

Results and Notes

_____
_____
_____
_____
_____
_____

Spell _____

Date _____ Caster _____

Participants _____

_____

Spell Description _____

_____
_____
_____
_____

Immediate effects and feelings

_____
_____
_____
_____
_____

Ingredients and equipment

_____
_____
_____
_____
_____

Results and Notes

_____
_____
_____
_____
_____
_____

Spell _____

Date _____ Caster _____

Participants _____

○ ◐ ◑ ○ ◒ ◓ ●

Spell Description _____

_____
_____
_____
_____
_____

Immediate effects and feelings   Ingredients and equipment

_____   _____
_____   _____
_____   _____
_____   _____
_____   _____

Results and Notes

_____
_____
_____
_____
_____
_____

Spell _____

Date _____, Caster _____

Participants _____
_____

● ◐ ◑ ○ ◐ ◑ ●

Spell Description _____
_____
_____
_____
_____
_____

Immediate effects and feelings
_____
_____
_____
_____
_____

Ingredients and equipment
_____
_____
_____
_____
_____

Results and Notes
_____
_____
_____
_____
_____

Spell _____

Date _____ Caster _____

Participants _____
_____

● ◐ ◑ ○ ◐ ◑ ●

Spell Description _____
_____
_____
_____
_____
_____

Immediate effects and feelings   Ingredients and equipment
_____   _____
_____   _____
_____   _____
_____   _____
_____   _____

Results and Notes
_____
_____
_____
_____
_____
_____

Spell _____

Date _____ Caster _____

Participants _____
_____

🌑 🌒 🌓 🌔 🌕 🌖 🌗 🌘

Spell Description _____
_____
_____
_____
_____
_____

Immediate effects and feelings | Ingredients and equipment
_____ | _____
_____ | _____
_____ | _____
_____ | _____
_____ | _____

Results and Notes
_____
_____
_____
_____
_____
_____

Spell _____

Date _____ Caster _____

Participants _____

_____

🌑 🌒 🌓 🌕 🌗 🌘 🌑

Spell Description _____

_____
_____
_____
_____
_____

Immediate effects and feelings   Ingredients and equipment

_____   _____
_____   _____
_____   _____
_____   _____
_____   _____

Results and Notes

_____
_____
_____
_____
_____
_____

Spell _____

Date _____ Caster _____

Participants _____
_____

○ ◐ ◑ ○ ◐ ◒ ●

Spell Description _____
_____
_____
_____
_____

Immediate effects and feelings   Ingredients and equipment
_____   _____
_____   _____
_____   _____
_____   _____
_____   _____

Results and Notes
_____
_____
_____
_____
_____

Spell _____

Date _____ Caster _____

Participants _____

_____

Spell Description
_____
_____
_____
_____
_____

Immediate effects and feelings
_____
_____
_____
_____
_____

Ingredients and equipment
_____
_____
_____
_____
_____

Results and Notes
_____
_____
_____
_____
_____
_____

Spell _____

Date _____ Caster _____

Participants _____
_____

🌑 🌒 🌓 🌕 🌗 🌘 🌑

Spell Description _____
_____
_____
_____
_____
_____

Immediate effects and feelings   Ingredients and equipment
_____   _____
_____   _____
_____   _____
_____   _____
_____   _____

Results and Notes
_____
_____
_____
_____
_____
_____

Spell _____

Date _____ Caster _____

Participants _____
_____

● ◐ ◑ ○ ◐ ◐ ●

Spell Description _____
_____
_____
_____
_____
_____

Immediate effects and feelings   Ingredients and equipment
_____   _____
_____   _____
_____   _____
_____   _____
_____   _____

Results and Notes
_____
_____
_____
_____
_____
_____

Spell _____

Date _____ Caster _____

Participants _____
_____

🌑 🌘 🌗 🌕 🌓 🌒 🌑

Spell Description _____
_____
_____
_____
_____

Immediate effects and feelings   Ingredients and equipment
_____   _____
_____   _____
_____   _____
_____   _____
_____   _____

Results and Notes
_____
_____
_____
_____
_____

Spell _____

Date _____ Caster _____

Participants _____

_____

● ◐ ◑ ○ ◐ ◑ ●

Spell Description _____

_____
_____
_____
_____

Immediate effects and feelings   Ingredients and equipment

_____   _____
_____   _____
_____   _____
_____   _____
_____   _____

Results and Notes

_____
_____
_____
_____
_____
_____

Spell _____

Date _____ Caster _____

Participants _____

_____

🌑 🌒 🌓 🌕 🌔 🌖 🌑

Spell Description _____

_____
_____
_____
_____

Immediate effects and feelings   Ingredients and equipment

_____   _____
_____   _____
_____   _____
_____   _____
_____   _____

Results and Notes

_____
_____
_____
_____
_____
_____
_____

Printed in Great Britain
by Amazon